BEI GRIN MACHT SICH IHR WISSEN BEZAHLT

- Wir veröffentlichen Ihre Hausarbeit, Bachelor- und Masterarbeit

- Ihr eigenes eBook und Buch - weltweit in allen wichtigen Shops

- Verdienen Sie an jedem Verkauf

Jetzt bei www.GRIN.com hochladen und kostenlos publizieren

Dipl.-Psych. Andreas Schulz

Heilerbilder - zum therapeutischen Selbstbild von Beratern

GRIN Verlag

Bibliografische Information der Deutschen Nationalbibliothek:

Die Deutsche Bibliothek verzeichnet diese Publikation in der Deutschen National-
bibliografie; detaillierte bibliografische Daten sind im Internet über http://dnb.d-
nb.de/ abrufbar.

Impressum:

Copyright © 1984 GRIN Verlag GmbH
Druck und Bindung: Books on Demand GmbH, Norderstedt Germany
ISBN: 978-3-656-56161-3

Dieses Buch bei GRIN:

http://www.grin.com/de/e-book/98797/heilerbilder-zum-therapeutischen-selbstbild-
von-beratern

Heilerbilder - zum therapeutischen Selbstbild von Beratern

Andreas Schulz

Er findet einen Genossen,
bald trommelt er, bald hört er auf.
Bald schluchzt er, bald singt er (I Ging).

Selbstverständnis des Psychotherapeuten: Das Selbstverständnis des Psychotherapeuten wird durch die Wahl der Ausbildung und die mit der Ausbildung verbundenen Einstellungen und Handlungsoptionen geprägt. Das Selbstverständnis eines Verhaltenstherapeuten wird sich von dem eines Psychoanalytikers unterscheiden. Ein systemischer Berater wartet mit ihm eigenen Fragetechniken auf, die darauf abzielen, ein vielschichtiges Beziehungsmuster abzubilden (Schlippe & Schweitzer 2010). Ein Psychodramatiker versteht sich darauf, Menschen zu spielerischem Handeln anzuregen, in verschiedene Rollen zu schlüpfen, Verständnis für sich selber und Empathie für Andere zu entwickeln, Spielfreude und Lebensfreude zu verspüren, auf die eigene Spontaneität zu vertrauen und das eigene Leben und die mit dem Leben verbundenen Beziehungen kreativ und sinnvoll zu gestalten (Gunkel 2011; Schulz 2010, 2011, 2012, 2013). Das Selbstverständnis als Psychotherapeut bildet sich im Laufe eigener Berufserfahrungen heraus, passend zu der eigenen Persönlichkeit. Es basiert auch auf den eigenen Lebenserfahrungen und erzählten Traditionen. Märchen und Mythen spiegeln Lebenserfahrungen wider, die Menschen helfen, sich den ihnen gestellten Lebensaufgaben zu stellen und an ihnen zu wachsen. Mythen und Geschichten wurden durch die Entwicklung einer „fiktiven Sprache möglich, mit der wir uns Dinge vorstellen und beschreiben können, die es in der physischen Realität gar nicht gibt" (Harari 2013, S. 47), die aber gleichwohl Auswirkungen auf unser Denken, Fühlen und Handeln aufweisen.

Objektive Psychotherapie: Die Ausbildung der verschieden Psychotherapierichtungen hat sich m einem Flair der Objektivität umgeben. Wie die Ausbildung, so die Therapie: empirisch abgesichert, rasterhaft erfassbar. Um dies brüchige Bild aufrechtzuerhalten, grenzten sich die verschiedenen Richtungen voneinander ab. Wo sie sich naher traten, geschah dies anfangs nur heimlich.

Mit einem nicht gering einzuschätzenden Therapie - Methoden. Wissend betrat ich die Heilerarena. Verhaltenstherapie, Kognitive Verhaltenstherapie (nach Beck und Ellis),

Kommunikationstherapie und sogar Ansätze der Familientherapie und Psychoanalyse, - die Weisheiten im Kopf stellte ich mich dem Kampfe.

Sehnsucht nach Heilung: Schon bald schaute ich verwirrt um mich: gleichwie den Psychotherapie - Pilger auf seiner Suche nach SINN und sich selbst die verschiedenste Angebote anderer Gurus locken, ehe er lernt, auf sich selbst zu hören und keiner Macht als der Weisheit seiner eigenen Träume und Visionen Vertrauen zu schenken, lockten mich anfangs die verschiedensten Therapieansätze, die mir bis dato vorenthalten waren. Manchmal spürte ich die Fülle und die Lebenskraft, die andere Therapien durch ihre Therapeuten ausstrahlten und ich verharrte ich totaler Bewegungslosigkeit: ich konnte mich nicht entscheiden. Manchmal überraschte mich die Sehnsucht nach der besten und dann vielleicht auch endgültigen Heilmethode und blindlings eilte ich einer entgegen, blind, taub und stumm für die Wahrheiten der anderen.

Verzückt beobachtete ich die raschen Veränderungen eines Klienten, der sich mit der Verhaltenstherapie anfreunden konnte. In den Bann zogen mich die tiefgreifenden Änderungen bei Menschen, die sich auf ihre frühkindlichen Verletzungen nach vielen Jahren der verzweifelten Abwehr einlassen und zum ersten Mal Freundschaft mit ihren Schwächen und Stärken schließen.

Überrascht, verwundert und voller Argwohn betrachtete ich den Kommunikationstrickser, den Doppelbindungsentknoter, jenen Magier, der durch Bestätigung Änderung hervorruft: wie jeder wirkliche Magier verwandelt nicht durch die Kraft seines Zauberstabes, sondern durch die Akrobatik seiner Sprache und seine eigenen Verwandlungen. Ehrfurcht verspürte ich bei der tiefen Versunkenheit eines Meditierenden. Wohlwollen las ich in den Zügen eines guten Freundes, der sich in die Gedanken Bilder- und Gefühlswert eines anderen hineinzuversetzen bemüht, der seine eigene Geschichte enthüllte.

Sich auf die frühkindlichen Verletzungen einlassen: In manchen Blicken anderer Berater sehe ich Gelassenheit: bei ihnen möchte ich eine Zeitlang verweilen. Andere hingegen stoßen mich durch ein tiefes Misstrauen ab, das die Luft erzittern ließt. Wachsam ängstlich schauen sie um sich. Niemand soll sie von ihrer eben errungener

Heilfähigkeit in die kaum verlassenen Gefilde der Unsicherheit und des Zweifels zurückstoßen. Es beunruhigt sie noch, dass sie sich auf der anderen Seite wiederfinden können. Manche krallen sich in Gruppe zusammen, andere schauen um sich und halten den Blick offen.

Der Kommunikationstrickser und Doppelbindungsentknoter: Erst langsam lerne ich mir das herauszugreifen, was auch mir selber entspricht und die Verheißungen meiner Psychotherapie - Lehrer in den Wind zu schlagen. Ihre lauten Stimmen drängen sich auf. Ich aber suche die Stille. Mich stört das Exklusivdenken dieser Heilsfanatiker, die aufgehört haben in sich hinein zu horchen, ehe sie sich anderen Suchenden zugesellen. Manche Psychotherapie - Lehrer haben sich auf die eine oder andere Schule festgelegt, versteift und ihre Beweglichkeit aufgegeben. Die Interaktion zwischen ihnen und ihren Klienten ist starr geworden wie die eines kollusionsverfangenen Paares. Der Psychotherapie - Pilger muss sich mit seinem Denken, Fühlen, Sprechen ihre Sprache, ihr Fühlen und ihr Denken einstellen. Er taucht in Leben ein, nicht die Therapeuten in das seine. Enttäuscht wenden sich einige Klienten ab: dies ist nicht, was sie suchen. In ihrer Methodenverlassenheit verfehlen die Therapeuten die Chance, sich auf die auf den ersten Blick widersprüchlichen Gestaltungsformen für sie fremden Lebens einzulassen und vielleicht selber neu zu lernen.

Meditation: In mich hinein lauschen will ich jetzt. Früher war ich auf der Suche unterwegs hin zu meinen intellektuellen Fähigkeiten. Ich fand sie nie. Jetzt versuche ich die Suche aufzugeben und mich auf mein Stolpern einzulassen. In meiner rastlosen Suche verfing ich mich in der Verhaltenstherapie und da ich meine eigenen Gefühle und deren Macht und Einfühlsamkeit immer beiseite geschoben hatte, schien es nicht weiter verwunderlich, dass ich begeistert Gefühle als Derivate unterschiedlicher Kognitionen betrachtete. Jetzt möchte ich ein wenig in mir verweilen und nachspüren, ob meine Gefühle, die ich jahrelang vernachlässigte, aus ihrer Verbannung zurück kehren, um mich gegen meinen Verstand, die Summe meiner Voreingenommenheiten und Kurzsichtigkeiten, zu schützen.

Ich will mir Zeit lassen und hoffen, dass meine Suche diesmal nicht so ergebnislos wie die vorige enden wird. (Die Ausbildung der keltischen Barden dauerte auch bis zu 15

Jahren, ich will mich auf eine längere Wanderschaft einstellen). Suchen mochte ich zusammen mit den Klienten, denn nun werde ich langsam feinfühliger für ihre Zwischenwelten. So wie ich die Gemach meiner Wandlung bemerke, dränge ich au den Psychotherapie - Pilger nicht mehr. Eher mochte ich unserem Drang nach Wachstum jenseits jeglicher zeitlicher Stagnation vertrauen. Zu erst aber will ich mich meinen alten Gewohnheiten widersetzen, dann werde ich auch an ihn denken können.

Bevor ich meine Masken abstreife, meine Januskopfe, hinter denen ich mich verstecken konnte und kann, glitzernde Aspekte meiner Identität, will ich noch einmal hinter sie schlüpfen und sehen.

Der Magier

Der Magier lebt in innerer Distanz zu seinen Klienten. Er wehrt sich nicht gegen ihre Allmachts- und Ohnmachtsphantasien: er lebt aus ihnen heraus. Er ist Schicksalsträger, aber die innere Distanz lässt ihn einsam werden. Macht und Machtmissbrauch liegen in seinen Händen, blind vertraut ihm der Heilsuchende. Er ist ein Meister der heilenden Methoden, ein Trickser, ein Jongleur. Mühelos bewegt er sich im Phantasiereich aller Realitäten und Illusionen. Wo vormals kein Halt, findet er welchen. In mythische und alltägliche Geschichten streut er sanfte Umdeutungen und unvermutete Lösungen. Wie in blindem Taumel greift der Klient zu, holt sich von ihm die Absolution, nicht in sich hinein steigen zu müssen. Er besteigt vorgetretene Pfade und verliert das Vertrauen, durch sich auf neue Wege zu gelangen. Der Magier, Schöpfer und Zerstörer zugleich, kämpft seinen Kampf um den rechten Machtgebrauch. Zu schwach sich einzulassen, hält er sich aus allen Beziehungen heraus und verbleibt in Zwischenwelten. Als Zauberer wird er verzaubert, ohne sich verwandeln zu können. Als Trickser wird er selber ausgetrickst. Er kennt alle Tricks - bis auf den einen: ohne Tricks bei sich in der Nähe zu sich auszukommen. Die Überschreitung und innere Wandlung beginnt für ihn erst dann. Vollkommen wird er erst, wenn er sich aus den Zwischenwelten locken lässt und der Verzauberung durch den Klienten nicht entgegentritt. Knapp vor der bedrohenden Symbiose entfalten sich alle seine Fähigkeiten.

Anfangs bannte mich die Macht der Umdeutungen. In sicherer Distanz hielt ich mich von den Klienten zurück, immer in der Angst, auf meine eigenen Unzulänglichkeiten gestoßen zu werden. Chance um Chance schlug ich in den Wind ein bisschen mehr Nähe zu mir spüren zu können. Das Feuerwerk meiner Worte blendete mich, ich tauschte mir vor, den Wunsch nach Nähe zu mir von den Klienten nicht zu bemerken und meinen Wunsch nach Nähe zu ihnen. Die Fangarme unserer Macht umfingen uns beide. Um loszukommen, erklärte ich den Klienten die Prinzipien der paradoxen Interventionen, bevor ich sie anwandte: die Klienten waren so verblüfft, dass sie immer noch blindlings glaubten. Die offene Erklärung war einfach eine weitere Doppelbindung. Langsam erst dämmerte mir, dass ich sie vielleicht nur auf den Weg schickte, zwar begehbar, aber austreten mussten sie ihn sich doch selber. Anstatt abzuwarten, begann ich zögernd über die Beschwernis des Reisens zu reden, über die Zweifel, die Enttäuschungen, die uns alle erwarten, die Steine und den Morast, in dem wir manchmal zu versinken drohen. Das Feuerwerk wich einer klaren Sprache.

In einigen Klienten stiegen spontan neue Sichtweisen empor, neue Gedanken und Kraft - und ich lehnte mich erleichtert zurück: wieder einmal brauchte ich nur Verantwortung für mich selber übernehmen. Meine eigenen Stärken und Schwächen zu suchen, verleiht mir doch mehr Grund, als als Trickser in den Zwischenwelten von Macht und Ohnmacht, Realität und Utopie zu leben. Vielleicht schaffe ich es einmal ganz. Dann können wir uns die Hände reichen und für einige Augenblicke wissend verstummen.

Der Märchenerzähler

Vielleicht waren die ersten Psychotherapeuten Märchenerzähler. Ihre Geschichten kündeten von ihrer Suche nach sich selbst, ihren Visionen (Indianermärchen) und ihren wahren und intensiven Begegnungen mit anderen Menschen. Sie sprachen von ihren Enttäuschungen, aber auch von der aufkeimenden Hoffnung, Liebe und Erfüllung zu finden. Oder auch Frieden, Kraft oder Freude, vielleicht auch einige aufleuchtende Momente heller Wachheit, gleich einer Quelle nährenden Wachstums (Kopp 2012).

Mit ihren Metaphern waren die Geschichten persönliches Zeugnis, die den Zuhörern einen gangbaren Weg zeigten, ohne ihnen aber spezifische Schritte vorzugeben. Wer sich auf die Märchen einließ, musste dies mit seiner gesamten Persönlichkeit tun - für pure Nachahmer existiert kein Raum.

Dies gilt sowohl für die Zuhörer als auch für die Märchenerzähler selber. Jedes Erzählen war zugleich persönliches Neuerzählen in der eigenen Sprache, mit den eigenen Gefühlen und den eigenen Erlebnissen eine Neuschöpfung. Nicht in der "Story" lag die Kraft, die Faszination, sondern in der Erzählart, in der Begegnung zwischen Nacherzähler, Nacherleber und den Zuhörern.

Die alten Märchenerzähler traten nicht an die Stelle der Zuhörer. Mit der Kraft ihrer Phantasie, ihrem Mut und ihrer Ehrlichkeit vor sich selber und den Verlockungen der Gespinste ihrer verzaubernden, in den Bann ziehenden Wortakrobatik, versetzten sie sich und unversehens die Zuhörer in die Welten der drohenden Dämonen, der Verwandlungen, Verwirrungen und des Leides, den Begegnungen und den Fahrnissen der eigenen Seele.

Als "existentiell" möchte ich diese Beziehung zwischen Erzähler und Zuhörer bezeichnen. Nicht verändern, sondern *Begreifen* heißt die treibende Kraft. Im therapeutischen Bereich findet sich dieses Beziehungsmuster u.a. in der Gesprächspsychotherapie, der Gestalttherapie und im Psychodrama wieder.

Der Weise

Nähe und Distanz sind dem Weisen gleich wichtig und gleich unverbindlich. Er glaubt erkannt zu haben, dass alles sich wiederholt, alles seine Bedeutung und sein Recht habe. Er kämpft nicht, greift nicht ein. Gegensätze und Widersprüche lässt er nebeneinander stehen, ohne sich um eine Verbindung zu bemühen Er glaubt an einen Weltengeist, der eine Vereinigung herstellt, wenn dies nötig ist, der Abstand bestehen lässt, wenn dies erforderlich ist. Weiter noch als der Trickse hat sich der Weise den Begierden und Alltäglichkeiten der Welt entzogen. Vielleicht kennt er seine Triebe und Schattenseiten, aber nur im Geiste steigt er zu ihnen herab. Sexualität ist für ihn vornehmlich spirituelle Vereinigung. Das Tier lässt er draußen vor der Tür am

Brunnen bei den Frauen: sollen die doch das Wasser schöpfen. Er selber ist längst ausgetrocknet in der Hitze der Erkenntnis. Die Gefahr lauert: Gleichmut schlägt in Gleichgültigkeit um.

Ohne Einmischung der Welt verbunden bleiben: dies war mein Wunsch. Mit klugem Gesicht hinter Büchern oder Schachbrett hockend, so hatte ich einige Weise kennengelernt, aufschreckend, wenn sie über die dieser Welt befragt wurden. Aber der Verlust der Aggression bedeute auch einen Verlust an Kontakt mit anderen und mit mir, meinen schlummernden Möglichkeiten. Kampfesmissachtung hieß das Motto. Erst langsam lernte ich, um mich und gegen andere zu kämpfen und zu spüren, dass Kraft in der Aggression und Spaß in der Auseinandersetzung liegen. Im Streit liege ich mal oben auf, mal bin ich der Verlierer. Im Wechsel, aber nicht zugewiesen der Rolle als Weiser. So wie der „Gute Freund" lernen muss, seinen Freund hart herauszufordern, jegliches Reflektieren von Gefühlen verweigern können muss, muss der Weise wieder die kindlichen Obszönitäten lernen. Im Abstieg zum Zentaur suche ich die Spiritualität des Tieres, im Kopf möchte ich noch das Tier erkennen. Nicht weise, sondern in spürender Verbindung zu mir und den anderen. Da lang. Beschränkt in meiner Männlichkeit sehne ich mich nach der Weisen Frau, der Wiegenden Hexe. Sie ist, wonach ich noch suche.

Der Narr

Verkehrt auf einem Esel sitzend, durchzieht der Narr die Welt. Mit einem Fuß über dem Abgrund stellt er sich noch die Frage nach sich selber. Verwundert lächelt er der Sonne entgegen. Die Blume in seine Hand zeugt von seiner Hingabe zum Leben. Er will nicht ändern. Auf der Suche nach seinen Schattenseiten liebt er das Licht, als Introvertierter sehnt er sich nach seiner nach außen gerichteten Lebendigkeit. Wenn er seine unverständlichen Geschichten erzählt, weil er die Welt der realistischen Verengungen verlassen hat, hat er die Lacher auf seiner Seite. Im Absturz vom Felsen pflückt er die Beere und ruft "köstlich!". Kurz vor seinem Tode schreit er "Leben" und lebt.

Eine schlechte Variante des Narren ist der Fremde Frager. Ein wirklicher Narr stellt sich selber Fragen und erzählt Anderen Geschichte. Der RET - Therapeut (Rational-emotive Therapie nach Ellis) macht es umgekehrt: er stellt dem Psychotherapie-Pilger Fragen, die dieser noch gar nicht hören will, entlockt diesem Geschichten, die dieser noch gar nicht erzählen möchte. Die Fragen wirken drängend und verhindern jegliche Begegnung. Wenig Raum besteht zwischen vielen Fragen und vielen Antworten. Die Worte werden zum Versteck vor den wirklichen Fragen und wirklichen Antworten im Stummen. Das Strohfeuer der momentanen Veränderungen verlischt schon bald: die Änderung war zu gedrängt gefordert, bevor sich der Klient kennenlernen konnte. Dies war sein Ziel, als er versuchte, ein Guter Narr zu werden.

Lange Zeit bin ich auf die rasch eintretenden Änderungen durch Nachfragen nach den Bedeutungen der Erlebnisse und Wertvorstellungen der Klienten hereingefallen. Die Fragen wirkten wie Barrieren vor den Antworten, die der Klient geben wollte, aber erst nachdem die Antwort zu dieser Frage in ihm selber aufgetaucht war. Anstatt mir Fragen über mich zu stellen, verhinderte ich anderen ihre Antwort nach sich selber.

Schon eher äußere ich jetzt Vermutungen, immer unsicher, frage mein Gefühl, ob meine Worte richtig und treffend sein könnten, und lasse ihm soviel Raum, wie ich mir selber zugestehen möchte. Beide wollen wir leben: hier in dieser Sitzung, in dieser Stunde und zu jederzeit bis ans Ende.

Der Fährmann

Der Fährmann setzt quer über den Strom, bis ein anderer kommt, dem ei den Stab reichen kann, der ihn ablöst. Frei muss der Entscheid des Fahrmanns sein. Keine leichte Aufgabe harrt seiner. Erst wenn er aufgehört hat, über den Fluss überzusetzen, kann er beginnen, ihn entlang zuwandern. Quer übersetzend erhält er Einblick in das Leben anderer, immer nur für eine kurze Zeit. Hier ist die seichte Furt, aber das reißende Gewässer stromabwärts ist zu fürchten. Dahin folgt der Fährmann nicht, davor hat er selber Angst.

Viele Psychotherapeuten überqueren den Strom des Lebens mit ihren Klienten nur und nehmen nicht an dessen Wanderung teil. Sie bieten ihre Furt an und weigern sich, mit ihm eine neue Furt zu suchen. Sie verweisen anstelle dessen auf trockenes Land, wo es doch angebracht sein könnte, zu waten. Ein junger Fährmann trifft auf einen alten

Wanderer. Er bietet ihm sein Boot an, obwohl er es noch nicht einmal selber genau kennt. Vielleicht wäre es gut, ein wenig gemeinsam zu wandern und die Last gemeinsam zu tragen. Manches trägt der Strom auch selber, wenn man die Last nicht quer stellt.

Manche Psychotherapeuten scheinen keine Zeit zu haben. Sie durchstoßen Widerstände quer, anstatt mit dem Pilger eine Weile entlang zu wandern bis die Widerstände sich abtragen. Ich hingegen lasse mir jetzt mehr Zeit mit den Klienten und mit mir. Wichtiges haben wir einander mitzuteilen, wenn wir beide voneinander profitieren. wollen. Fällt es uns beiden nicht auch schwer, Abschied zu nehmen? Warum die Trauer verschärfen und da voneinander brechen, wenn wir uns am meisten benötigen, um zu lernen, dass wir beide den Fluss entlang kommen und auch darüber hinaus auf Fährten stoßen. Der Fährmann ohne Boot, der Klient ohne Fährmann: beide schwimmend. Vielleicht trägt das Wasser.

Ich luge noch einmal hinter den Masken hervor. Als ich sie betrachte scheine ich sie neu zu sehen. Jetzt bin ich mir nicht so sicher, ob ich sie schon von mir werfen soll. Vielleicht auch fallen sie eines Tages von selber ab oder verwandeln sich? Sanfter sind sie geworden, weicher ich selber, die Angst vor der Starrheit lässt nach. In die verwirrende Anzahl der Therapieansätze tritt langsam meine Ordnung: mal benutze ich Verhaltenstherapie, mal arbeite ich mit Kognitionen, mal ziehe ich eine Gestaltübung heran, mal suche ich in frühkindlichen Beziehungen und den heutigen Umgangsarten, mal reflektiere ich Gefühle, mal kämpfe ich mit meiner Machteinbildung, mal bin ich ein Narr, mal stelle ich mich meinen Begierden. Auch liebe ich es im psychodramatischen Rollentausch in andere Gestalten zu schlüpfen und auf neue Art wahrzunehmen, zu denken und zu handeln. So sammle ich meine Psychotherapeuten – Gefährten um mich und lausche ihrem Rat, suche ihre Art zu verstehen, die Welt und Beziehungen zu sehen. So stehen die Geschichtenerzähler um mich herum, die Weisen, die singenden Verkünder, tanzenden Narren und furchtlosen Philosophen.

In allen Rollen und Gestalten und ihren Erzählungen suche ich mich selber, immer und immer wieder. Wie der Psychotherapie - Pilger muss ich lernen, auf mich zu hören und keiner anderen Macht als der Weisheit meiner eigenen Traume und

Visionen Vertrauen zu schenken. Der vermeintlichen Objektivität der Psychotherapie - Richtungen setze ich meine Subjektivität entgegen. Der Erzählung des Psychotherapie-Pilgers setze ich meine eigene Erzählung entgegen, in der Hoffnung, dass er meine Geschichte aufgreift und sie in seiner eigenen Art fortführt und lebt.

Literatur:

Birkhäuser - Oeri, S. (1977). *Die Mutter im Märchen. Deutung der Problematik des Mütterlichen und des Mutterkomplexes am Beispiel bekannte Märchen.* Leinfelden-Echterdingen: Bonz.

Ellis, A. & Joffe Ellis, D. (2012). *Rational-Emotive Verhaltenstherapie.* Rheinhardt. München.

Gunkel, S. (1989). *Empathie im Psychodramatischen Rollenspiel: Training der Perspektivenübernahme.* Integrative Therapie, 15(2), 141-169.

Gunkel, S. (2011). *Training sozialer Wahrnehmungsfähigkeit durch psychodramatisches Rollenspiel.* Zeitschrift für Psychodrama und Soziometrie, 10(1), 121-148.

Harari, Y.N. (2013). *Eine kurze Geschichte der Menschheit.* München: Deutsche Verlags Anstalt.

Hesse, H. (1982). *Siddartha.* Eine indische Dichtung. Berlin: Suhrkamp.

Hetmann, F. (1981). *Traumgesicht und Zauberspur.* Frankfurt: Fischer.

Kopp, S. (2012). *Triffst du buddha unterwegs.* Frankfurt: Fischer.

Littmann, E. (1981*). Die Erzählungen aus Tausendundein Nächten.* Berlin: Insel.

Schlippe, A., Schweitzer, J. (2010). *Systemische Interventionen.* Göttingen. Vandenhoeck & Ruprecht.

Schulz, A. (2010). *Lebendige Partnerschaft. Psychodramatische Arrangements in Paarberatung und Partnerseminaren.* Zeitschrift für Psychodrama und Soziometrie, ZPS, 7, Seite161–174.

Schulz, A. (2011). Märchen und Partnerschaft. Grin. www.grin.com

Schulz, A. (2012b). *Die Löwin und der Schmetterling. Liebevolle Begegnungen auf der psychodramatischen Bühne.* Zeitschrift für Psychodrama und Soziometrie ZPS, Jahrgang 11, Heft 01/2012, Seite 5 – 24.

Schulz, A. (2013). Begegnung in der Therapie: Selbsterfahrung für Therapeut und Klient, München, GRIN Verlag GmbH, http://www.grin.com/de/ebook/98795/begegnung-in-der-therapie-selbsterfahrung-fuer-therapeut-und-klient

Anmerkung: Dieser Artikel basiert auf einem Vortrag in der Fachhochschule Fulda am 27.04.1984. Die Überarbeitung aus dem Jahre 2013 behält den Grundgedanken „Welche Vorbilder für Heiler existieren in Märchen?" bei. Die Literatur wurde aktualisiert. Die Menschen, die mir begegnen, sind Männer und Frauen. Man sollte den Text so lesen.